Impressum
Verlag: BABADADA GmbH, Nedderfeld 112 , 22529 Hamburg
Geschäftsführer / Verlagsleitung: Harald Hof
Druck: Books on Demand GmbH, In de Tarpen 42, 22848 Norderstedt

Imprint
Publisher: BABADADA GmbH, Nedderfeld 112 , 22529 Hamburg, Germany
Managing Director / Publishing direction: Harald Hof
Print: Books on Demand GmbH, In de Tarpen 42, 22848 Norderstedt, Germany

škola

iskola

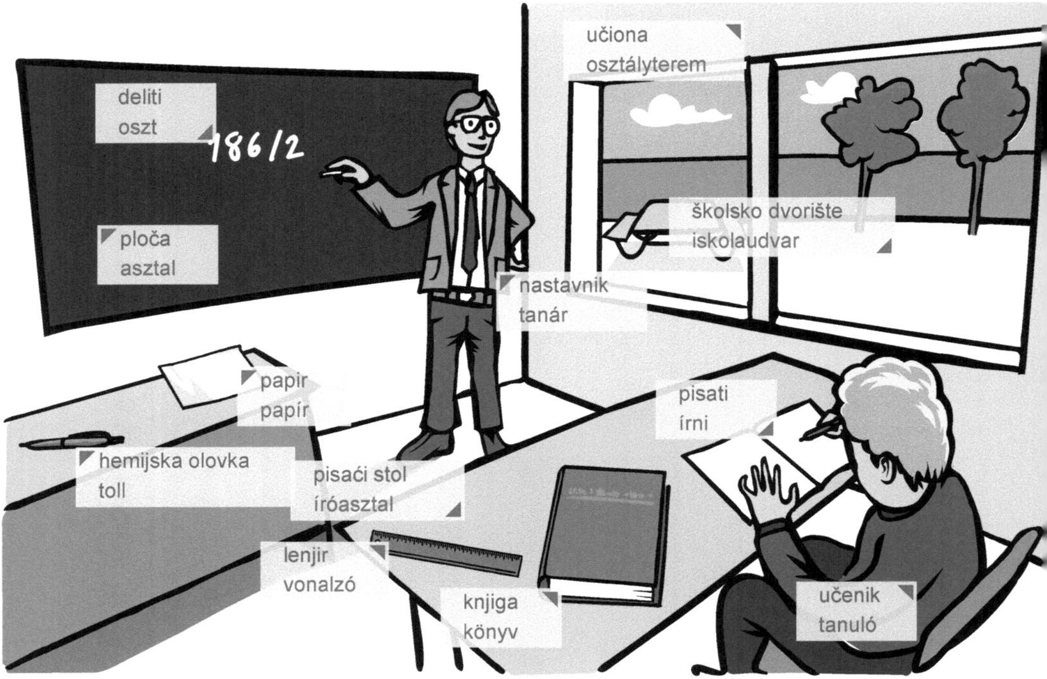

učiona
osztályterem
deliti
oszt
186/2
ploča
asztal
školsko dvorište
iskolaudvar
nastavnik
tanár
papir
papír
pisati
írni
hemijska olovka
toll
pisaći stol
íróasztal
lenjir
vonalzó
knjiga
könyv
učenik
tanuló

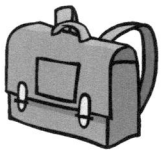

torba
iskolatáska

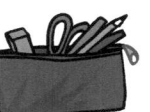

pernica
tolltartó

grafitna olovka
ceruza

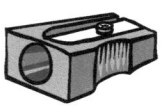

šiljilo za olovke
ceruzahegyező

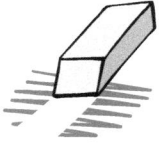

gumica za brisanje
radír

blok za crtanje
rajzfüzet

crtež

rajz

kist

ecset

kutija sa bojama

festőkészlet

makaze

olló

lepilo

ragasztó

beležnica

munkafüzet

domaći zadatak

házi feladat

broj

szám

sabirati

összead

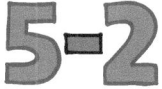

oduzimati

kivon

množiti

szoroz

računati

számol

slovo

betű

abeceda

ABC

reč

szó

tekst
szöveg

čitati
olvasni

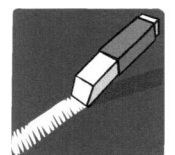

kreda
kréta

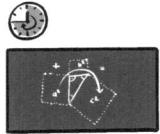

čas
tanóra

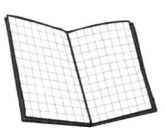

dnevnik
napló

ispit
vizsga

svedočanstvo
bizonyítvány

školska uniforma
iskolai egyenruha

obrazovanje
oktatás

leksikon
enciklopédia

univerzitet
egyetem

mikroskop
mikroszkóp

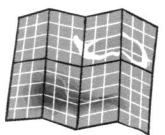

karta
térkép

košara za papir
papír-hulladék gyűjtö

putovanje
utazás

hotel
hotel
Grand
prenoćište
szállás
ROOMS
menjačnica
valutaváltó iroda
kofer
bőrönd
auto
autó

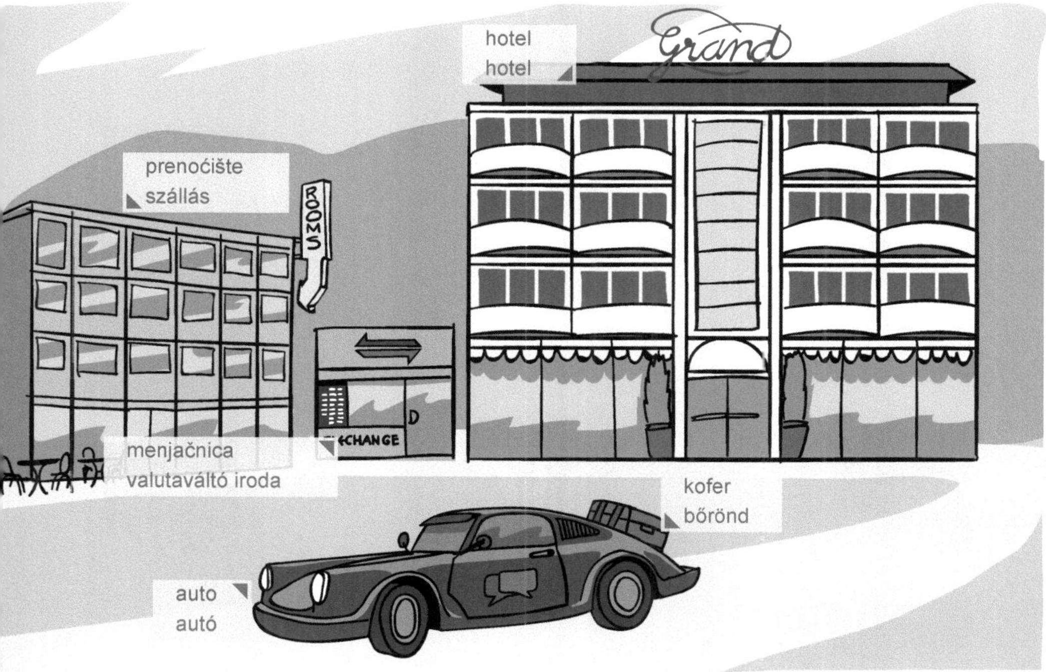

jezik

nyelv

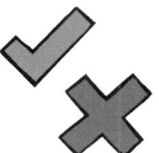

da / ne

igen/nem

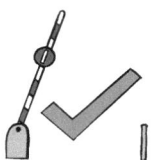

okej

rendben

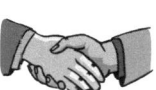

zdravo

szia

prevodilac

fordító

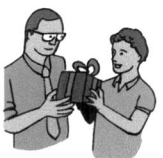

hvala

köszönöm

Koliko košta...?

mennyibe kerül...?

ne razumem

nem értem

problem

probléma

dobro veče!

Jó estét!

Dobro jutro!

jó reggelt!

Laku noć!

jó éjszakát!

doviđenja

viszontlátásra

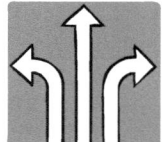

smer

útirány

prtljaga

poggyász

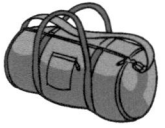

torba

táska

ruksak

hátizsák

gost

vendég

soba

szoba

vreća za spavanje

hálózsák

šator

sátor

turističke informacije

turista információ

plaža

strand

kreditna kartica

hitelkártya

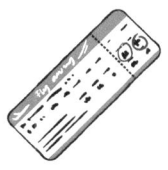

doručak

reggeli

ručak

ebéd

večera

vacsora

karta za vožnju

jegy

lift

lift

poštanska markica

bélyeg

granica

határ

carina

vám

ambasada

nagykövetség

viza

vízum

pasoš

útlevél

transport
közlekedés

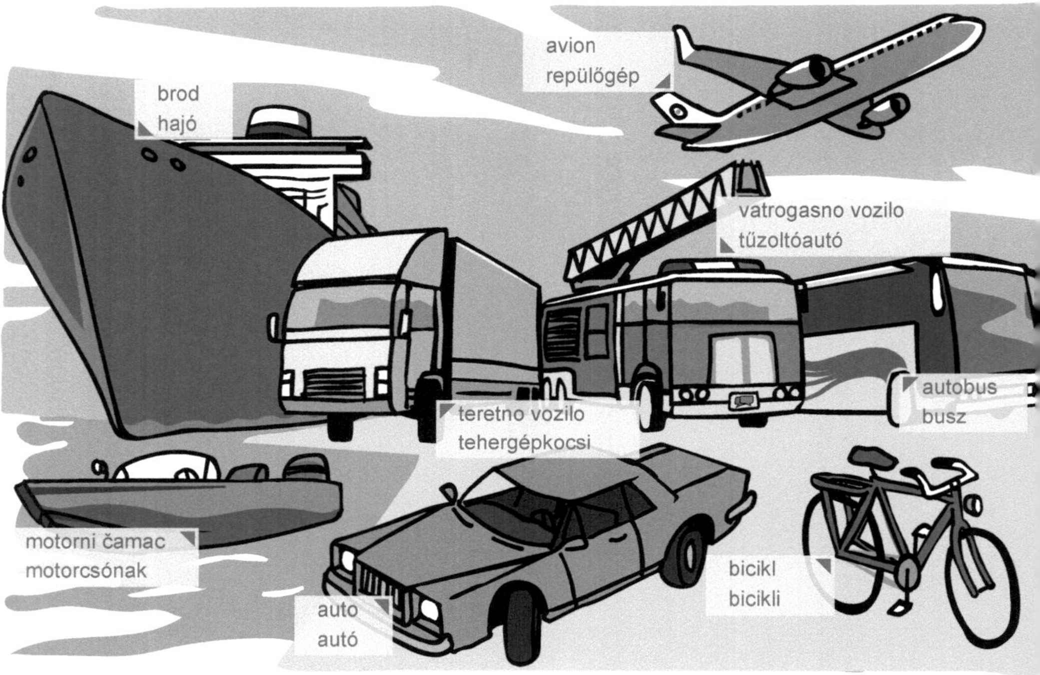

avion
repülőgép
brod
hajó
vatrogasno vozilo
tűzoltóautó
autobus
busz
teretno vozilo
tehergépkocsi
motorni čamac
motorcsónak
bicikl
bicikli
auto
autó

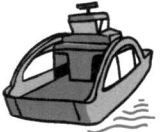

trajekt

komp

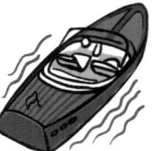

čamac

csónak

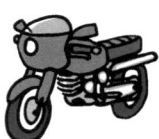

motocikl

motorkerékpár

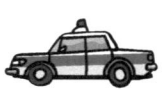

policijski auto

rendőrautó

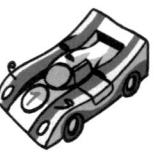

trkaći auto

versenyautó

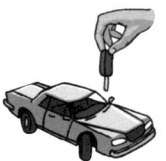

iznajmljeno auto

bérautó

delenje automobila

telekocsi

vučno vozilo

vontató

voz lo za odvoz smeća

szemetes autó

motor

motor

benzin

üzemanyag

benzinska stanica

benzinkút

saobraćajni znak

közlekedési tábla

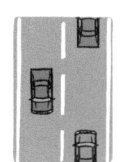

saobraćaj

forgalom

zastoj

forgalmi dugó

parkiralište

parkoló

železnička stanica

vonatállomás

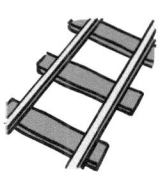

šine

sínek

voz

vonat

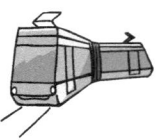

tramvaj

villamos

vagon

vagon

helikopter

helikopter

aerodrom

repülőtér

kula

torony

putnik

utas

kontejner

konténer

karton

kartondoboz

kolica

taliga

korpa

kosár

uzleteti / sleteti

felszáll / leszáll

grad

város

selo

falu

centar grada

városközpont

kuća

ház

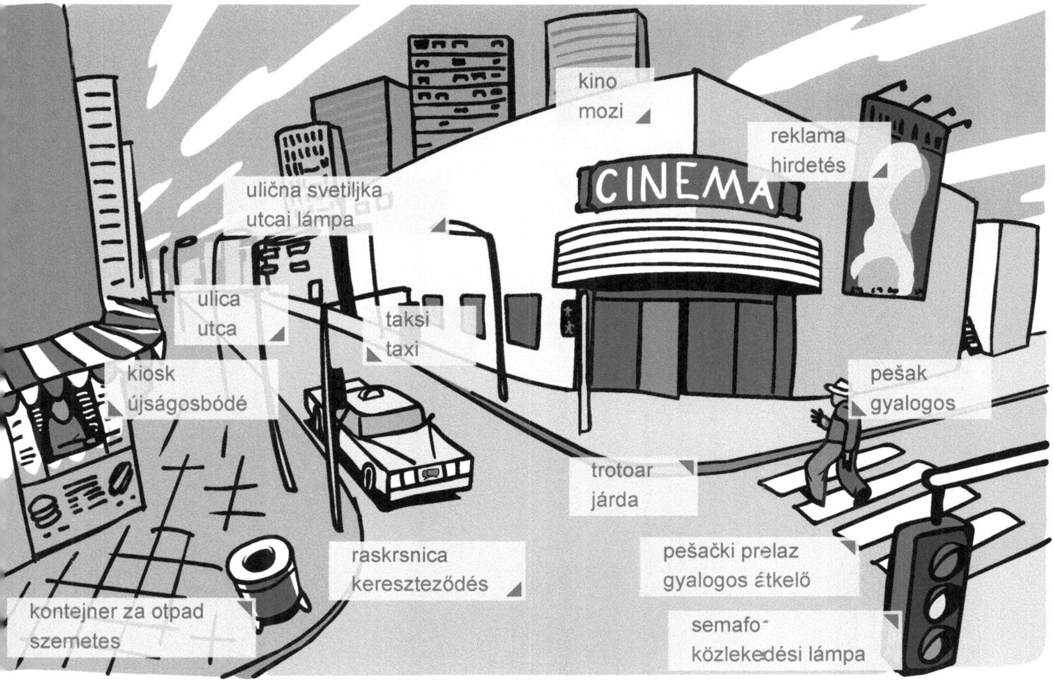

kino
mozi

reklama
hirdetés

ulična svetiljka
utcai lámpa

CINEMA

ulica
utca

taksi
taxi

pešak
gyalogos

kiosk
újságosbódé

trotoar
járda

raskrsnica
kereszteződés

pešački prelaz
gyalogos átkelő

kontejner za otpad
szemetes

semafor
közlekedési lámpa

koliba
kunyhó

stan
lakás

železnička stanica
vonatállomás

većnica
városháza

muzej
múzeum

škola
iskola

grad - város

univerzitet

egyetem

banka

bank

bolnica

kórház

hotel

hotel

apoteka

gyógyszertár

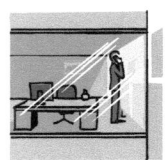

kancelarija

iroda

knjižara

könyvesbolt

prodavnica

üzlet

cvećara

virágüzlet

supermarket

szupermarket

trg

piac

robna kuća

áruház

ribarnica

halárus

trgovački centar

bevásárló központ

luka

kikötő

park
park

klupa
pad

most
híd

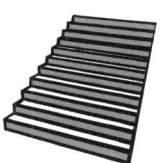

stepenice
lépcső

podzemna željeznica
metró

tunel
alagút

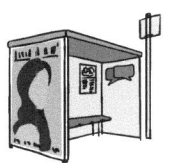

autobuska stanica
buszmegálló

bar
bár

restoran
étterem

poštansko sanduče
postaláda

ulični znak
utcatábla

parkirni automat
parkoló óra

zoološki vrt
állatkert

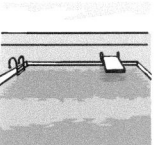

bazen
uszoda

džamija
mecset

seosko gazdinstvo

gazdálkodás

zagađenje okoline

környezetszennyezés

groblje

temető

crkva

templom

igralište

játszótér

hram

szentély

pejsaž
táj

list
levél

putokaz
útjelző tábla

put
út

livada
rét

kamen
kő

šetač
túrázó

drvo
fa

reka
folyó

trava
fű

cvijet
virág

dolina

völgy

planina

domb

jezero

tó

šuma

erdő

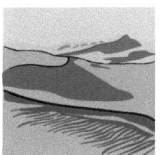

pustinja

sivatag

vulkan

vulkán

dvorac

kastély

duga

szivárvány

gljiva

gomba

palma

pálmafa

moskito

szúnyog

muva

légy

mrav

hangya

pčela

méhecske

pauk

pók

buba
bogár

žaba
béka

veverica
mókus

jež
sündisznó

zec
nyúl

sova
bagoly

ptica
madár

labud
hattyú

divlja svinja
vaddisznó

jelen
szarvas

los
rénszarvas

nasip
gát

vetrenjača
szélturbina

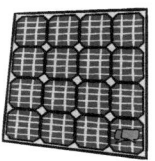

solarna ploča
napelem

klima
éghajlat

restoran
étterem

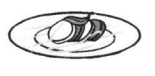

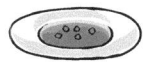

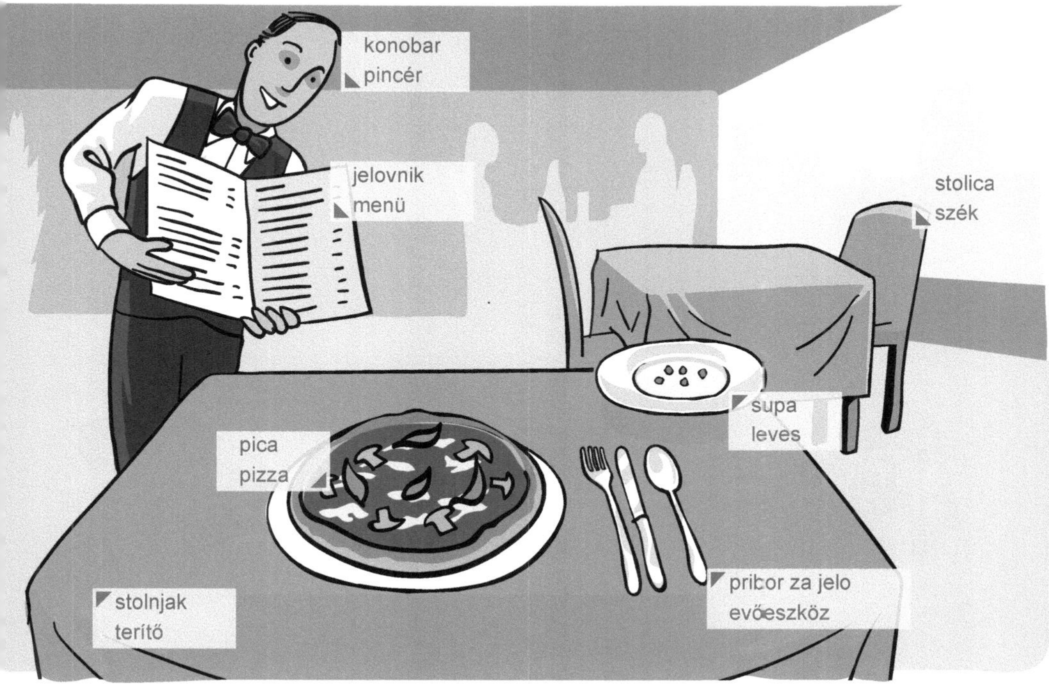
konobar
pincér
jelovnik
menü
stolica
szék
supa
leves
pica
pizza
pribor za jelo
evőeszköz
stolnjak
terítő

predjelo

előétel

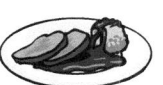

glavno jelo

főétel

desert

desszert

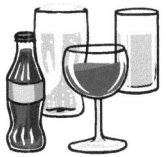

napitci

italok

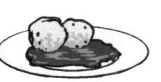

jelo

étel

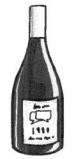

flaša

üveg

brza hrana

gyorsétel

imbis hrana

gyorsétel

čajnik

teás kanna

doza za šećer

cukortartó

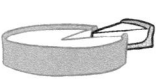

porcija

adag

aparat za espresso

eszpresszógép

visoka stolica

bárszék

račun

számla

poslužavnik

tálca

nož

kés

viljuška

villa

kašika

kanál

čajna kašika

teáskanál

salveta

szalvéta

čaša

pohár

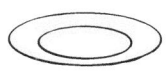

tanjir

tányér

tanjir za supu

leveses tányér

tanjirić

csészealj

sos

szósz

soljenka

sószóró

mlin za biber

borsörlő

sirće

ecet

ulje

étkezési olaj

začini

fűszerek

kečap

ketchup

senf

mustár

majoneza

majonéz

supermarket
szupermarket

ponuda
különleges ajánlat
FOR
kupac
ügyfél
mlečni proizvodi
tejtermék
voće
gyümölcsök
kolica za kupovinu
bevásárló kocsi

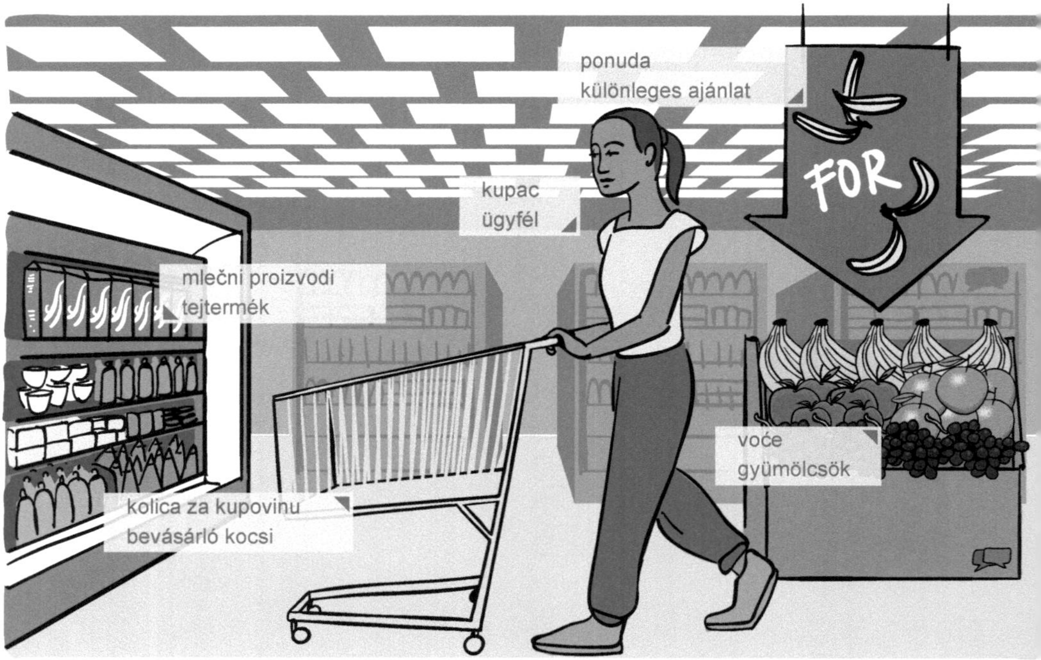

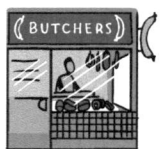

BUTCHERS

mesnica

hentes

BAKERY

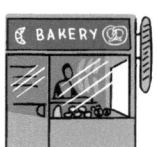

pekara

pékség

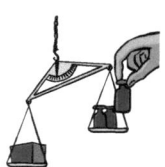

vagati

nyom valamennyit

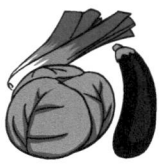

povrće

zöldség

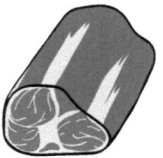

meso

hús

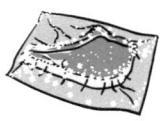

smrznuta hrana

fagyasztott áru

narezak

felvágott

konzerve

konzerv

sredstvo za pranje

mosópor

slatkiši

édességek

artikli za domaćinstvo

háztartási termék

sredstva za čišćenje

tisztítószerek

prodavačica

eladó

blagajna

pénztárgép

blagajnik

eladó

lista za kupovinu

bevásárló lista

vreme rada

nyitva tartás

novčanik

levéltárca

kreditna kartica

hitelkártya

torba

zacskó

plastična kesa

műanyag zacskó

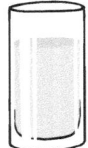

voda

víz

sok

gyümölcslé

mleko

tej

kola

kóla

vino

bor

pivo

sör

alkohol

alkohol

kakao

kakaó

čaj

tea

kava

kávé

espresso

eszpresszó

cappuccino

kapucsínó

banana

banán

jabuka

alma

narandža

narancs

lubenica

sárgadinnye

limun

citrom

šargarepa

sárgarépa

beli luk

fokhagyma

bambus

bambusz

luk

hagyma

gljiva

gomba

orašasti plodovi

magvak

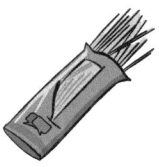

rezanci

nokedli

špagete

spagetti

riža

rizs

salata

saláta

pomfrit

sült krumpli

pečeni krumpir

sült burgonya

pica

pizza

hamburger

hamburger

sendvič

szendvics

šnicla

hússzelet

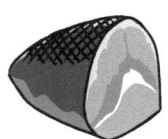

šunka

sonka

salama

szalámi

kobasica

kolbász

kokoš

csirke

pečenje

pecsenye

riba

hal

zobene pahuljice

zabkása

musli

müzli

kukuruzne pahuljice

kukoricapehely

brašno

liszt

kroasan

croissant

pecivo

zsemle

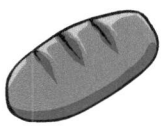

hleb

kenyér

toast

pirítós kenyér

keksi

keksz

maslac

vaj

sveži sir

túró

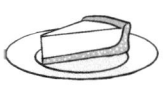

kolač

sütemény

jaje

tojás

jaje na oko

tükörtojás

sir

sajt

sladoled

jégkrém

šećer

cukor

med

méz

marmelada

lekvár

nugat krema

mogyorókrém

kari

curry

seosko gazdinstvo
gazdálkodás

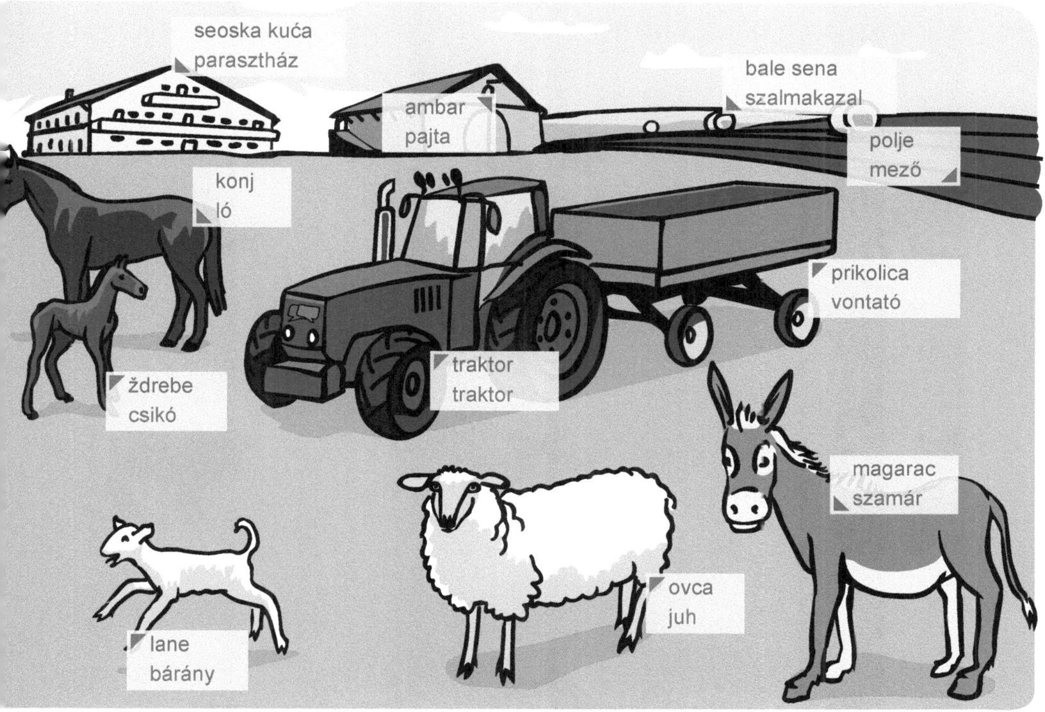
seoska kuća
parasztház
ambar
pajta
bale sena
szalmakazal
polje
mező
konj
ló
prikolica
vontató
traktor
traktor
ždrebe
csikó
magarac
szamár
ovca
juh
lane
bárány

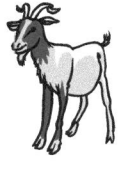

koza
kecske

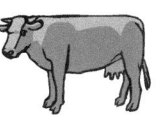

krava
tehén

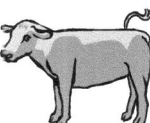

tele
borjú

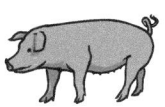

svinja
malac

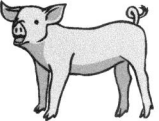

prase
kismalac

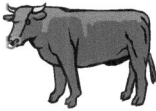

bik
bika

guska
liba

patka
kacsa

pilići
csibe

kokoš
tojó

petao
kakas

pacov
patkány

mačka
macska

miš
egér

vol
ökör

pas
kutya

kućica za psa
kutyaház

vrtno crevo
kerti öntözőcső

kanta za polivanje
öntözökanna

kosa
kasza

plug
eke

srp
sarló

motika
kapa

viljuška za đubrivo
vasvilla

sekira
fejsze

tačke
talicska

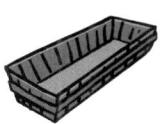

korito
teknő

posuda za mleko
tejes kancsó

vreća
zsák

ograda
kerítés

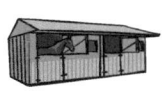

štala
istálló

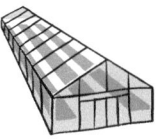

staklenik
üvegház

zemlja
talaj

seme
vetőmag

đubrivo
trágya

kombajn
cséplőgép

žeti
....
szüretelni

žetva
....
betakarítás

jams začin
....
yamgyökér

pšenica
....
búza

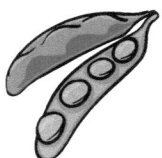

soja
....
szója

krumpir
....
burgonya

kukuruz
....
kukorica

uljana repica
....
repcemag

voćka
....
gyümölcsfa

gomolj manioke
....
manióka

žitarice
....
gabona

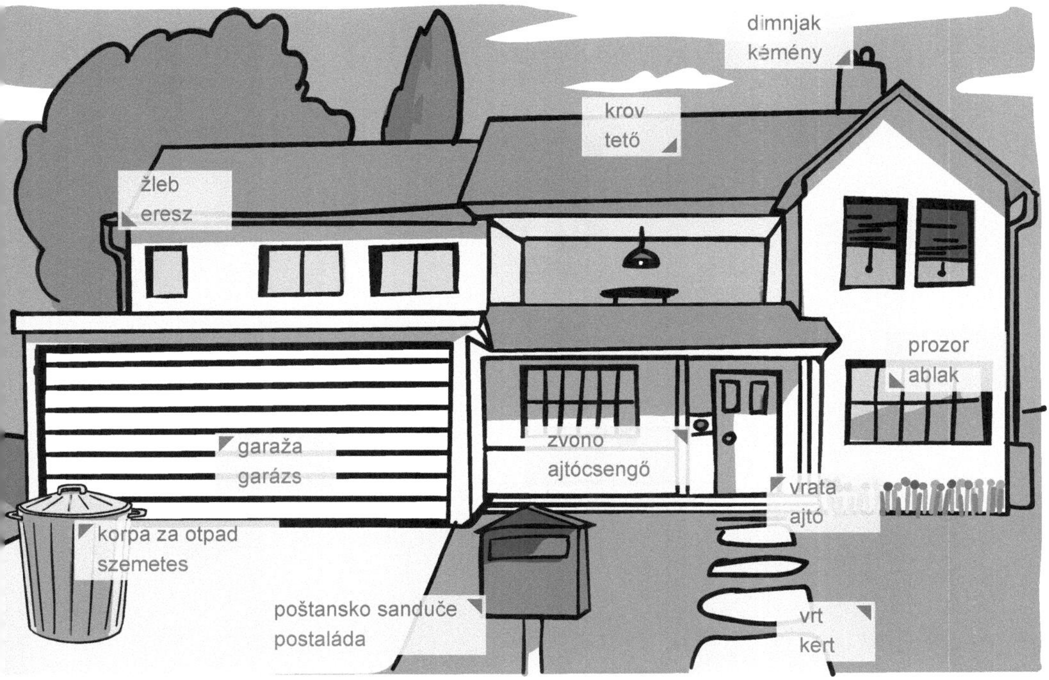

dimnjak
kémény

krov
tető

žleb
eresz

prozor
ablak

garaža
garázs

zvono
ajtócsengő

vrata
ajtó

korpa za otpad
szemetes

poštansko sanduče
postaláda

vrt
kert

dnevna soba

nappali

kupaonica

fürdőszoba

kuhinja

konyha

spavaća soba

hálószoba

dečija soba

gyerekszoba

trpezarija

ebédlő

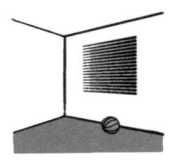

pod

padló

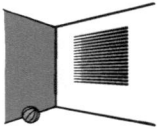

zid

fal

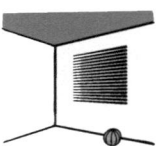

strop

plafon

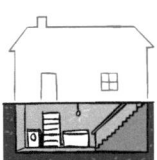

podrum

pince

sauna

szauna

balkon

erkély

terasa

terasz

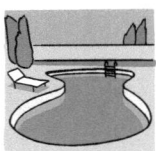

bazen

medence

kosilica za travu

fűnyíró

posteljina za krevet

lepedő

deka za krevet

ágytakaró

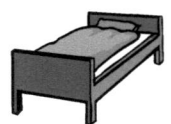

krevet

ágy

metla

seprű

kanta

vödör

prekidač

kapcsoló

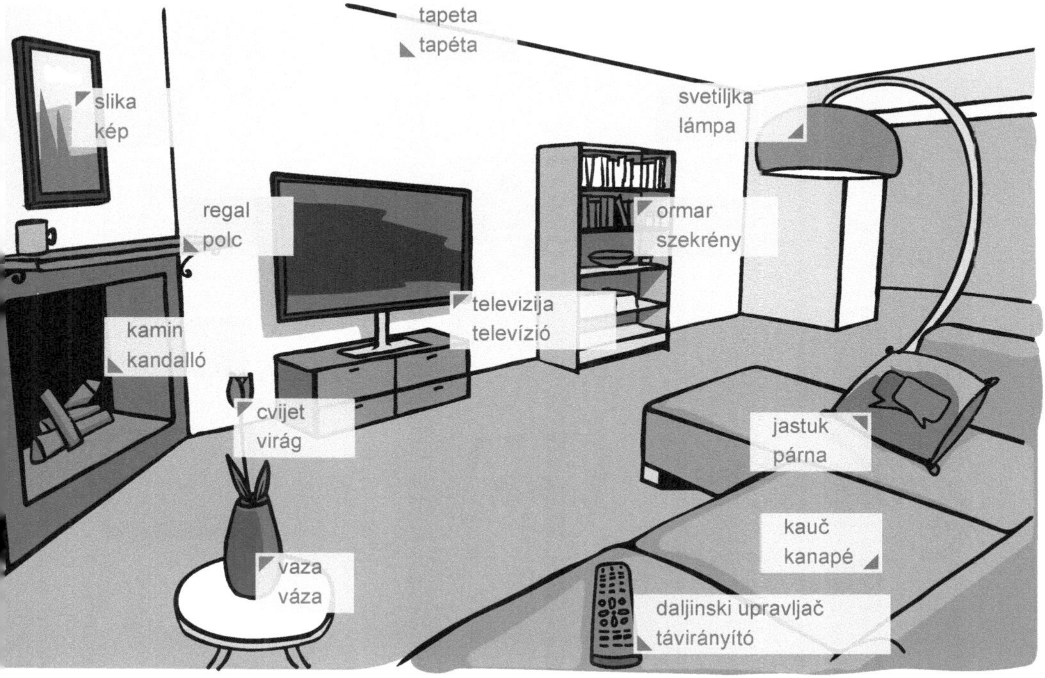

tapeta
tapéta

slika
kép

svetiljka
lámpa

regal
polc

ormar
szekrény

kamin
kandalló

televizija
televízió

cvijet
virág

jastuk
párna

kauč
kanapé

vaza
váza

daljinski upravljač
távirányító

tepih
....
szőnyeg

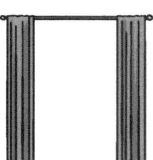

zavesa
....
függöny

sto
....
asztal

stolica
....
szék

stolica za njihanje
....
hintaszék

fotelja
....
karosszék

knjiga

könyv

deka

takaró

dekoracija

dekoráció

drvo za ogrev

tűzifa

film

film

hi-fi uređaj

hifi

ključ

kulcs

novine

újság

slika na platnu

festmény

poster

poszter

radio

rádió

blok za pisanje

jegyzetfüzet

usisivač

porszívó

kaktus

kaktusz

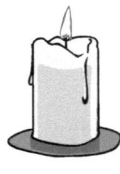

sveća

gyertya

kuhinja
konyha

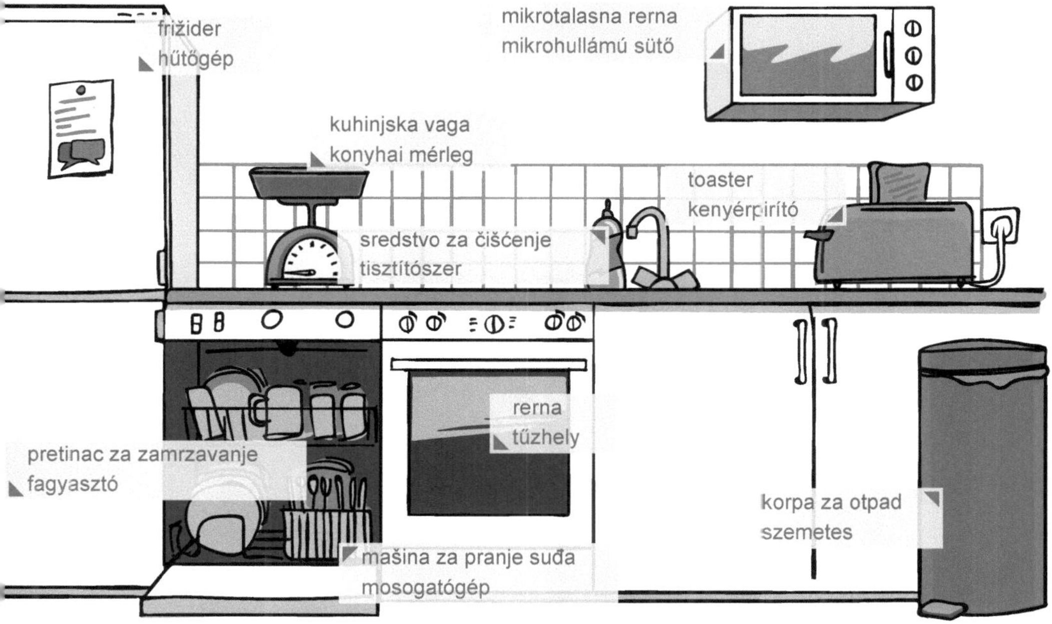
frižider
hűtőgép
mikrotalasna rerna
mikrohullámú sütő
kuhinjska vaga
konyhai mérleg
toaster
kenyérpirító
sredstvo za čišćenje
tisztítószer
rerna
tűzhely
pretinac za zamrzavanje
fagyasztó
korpa za otpad
szemetes
mašina za pranje suđa
mosogatógép

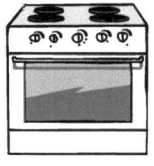

šporet
tűzhely

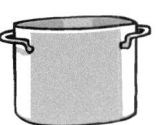

lonac
edény

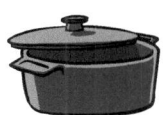

gvozdeni lonac
vasfazék

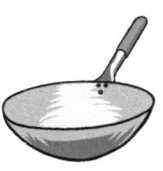

wok / kadai
wok / kadai

tava
serpenyő

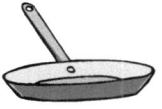

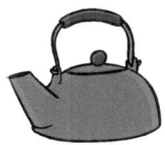

kuvalo za vodu
vízforraló

kuvalo na paru

pároló

lim za pečenje

tepsi

posuđe

étkészlet

čaša

bögre

posuda

tálka

štapići za jelo

evőpálcika

kutlača

merőkanál

lopatica

keverőlapátka

penjača

habverő

sito za kuvanje

szűrő

sito

szita

ribež

reszelő

mužar

mozsár

roštilj

grillsütő

ognjište

kandalló

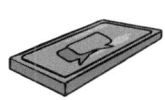

daska
vágódeszka

oklagija
sodrófa

vadičep
dugóhúzó

konzerva
doboz

otvarač konzervi
konzervnyitó

krpa za lonac
edényfogó

sudoper
mosogató

četka
kefe

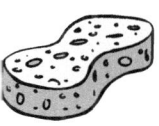

sunđer
szivacs

mikser
turmixgép

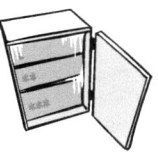

zamrzivač
mélyhűtő

flašica za bebe
cumisüveg

slavina za vodu
csap

kuhinja - konyha

kupaonica
fürdőszoba

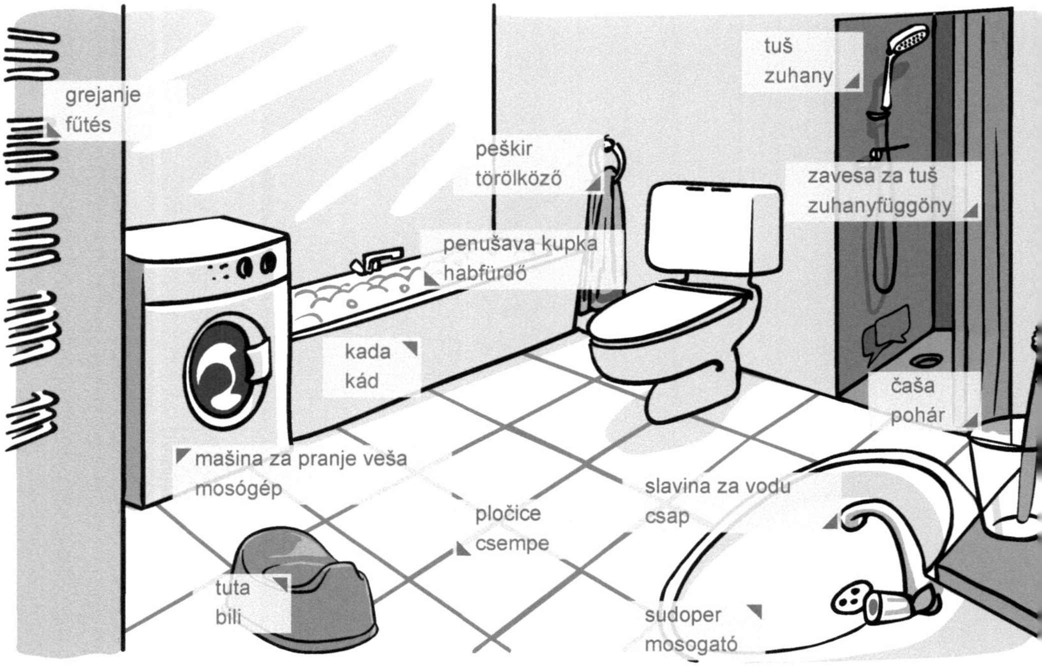
grejanje
fűtés
peškir
törölköző
tuš
zuhany
zavesa za tuš
zuhanyfüggöny
penušava kupka
habfürdő
kada
kád
čaša
pohár
mašina za pranje veša
mosógép
slavina za vodu
csap
pločice
csempe
tuta
bili
sudoper
mosogató

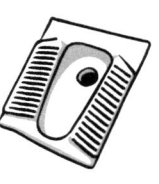

toalet
toalett

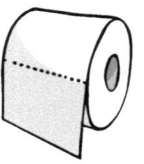

čučavac
guggolós toalett

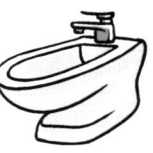

bidet
bidé

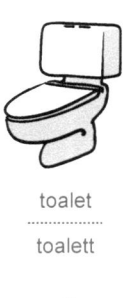

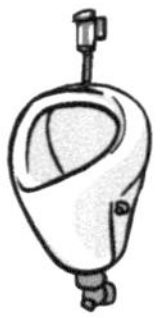

pisoar
piszoár

toaletni papir
toalett papír

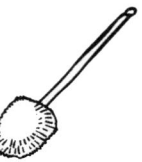

četka za toalet
wc kefe

četkica za zube

fogkefe

pasta za zube

fogkrém

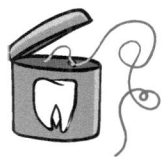

konac za zube

fogselyem

prati

mosni

tuš ručica

kézi zuhany

tuš za pranje intimnih
dijelova
intimzuhany

lavor

mosdótál

četka za pranje leđa

hátmosó kefe

sapun

szappan

gel za tuširanje

tusfürdö

šampon

sampon

krpa za pranje

mosdókesztyü

odvod

lefolyó

krema

krém

dezodorans

dezodor

ogledalo

tükör

kozmetičko ogledalo

kézitükör

brijač

borotva

pena za brijanje

borotvahab

losion za posle brijanja

borotválkozás utáni
arcszesz

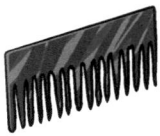

češalj

fésű

četka

hajkefe

fen za kosu

hajszárító

sprej za kosu

hajlakk

makeup

smink

ruž za usne

ajakrúzs

lak za nokte

körömlakk

vata

vatta

makaze za nokte

körömvágó olló

parfem

parfüm

kozmetička torbica

neszesszer

stolica

sámli

vaga

mérleg

ogrtač

köntös

rukavice za čišćenje

gumikesztyü

tampon

tampon

uložak

egészségügyi betét

hemijski toalet

vegyi WC

dečija soba
gyerekszoba

budilnik
ébresztő óra
plišana igračka
plüssállat
auto igračka
játékautó
zvečka
csörgő
kućica za lutke
babaház
poklon
ajándék

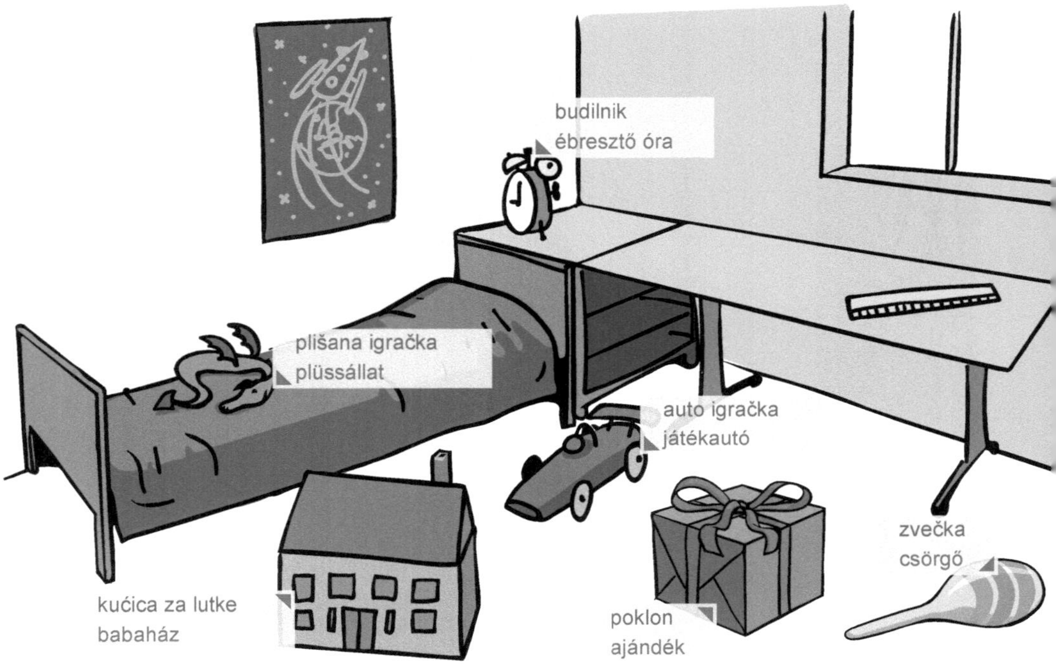

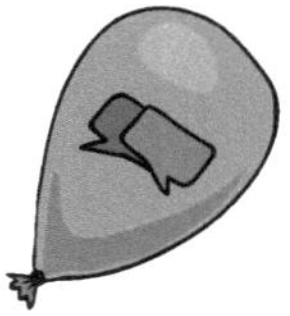

balon

lufi

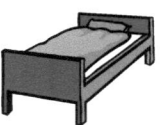

krevet

ágy

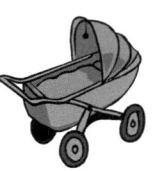

dječija kolica

babakocsi

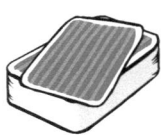

igra s kartama

kártyapakli

slagalica

kirakós játék

SUPER
MEGA

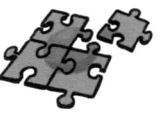

strip

képregény

lego kockice

építőkockák

kockice za slaganje

építőelem

akcioni junak

szuperhős

benkica za bebe

rugdalózó

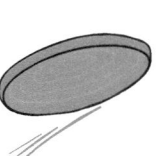

frizbi

frizbi

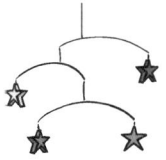

viseće igračke

zenélő forgó

društvene igre

társasjáték

kocka

kocka

minijaturna željeznica

modellvasút

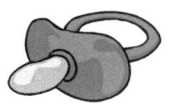

duda

cumi

zabava

zsúr

slikovnica

képeskönyv

lopta

labda

lutka

baba

igrati

játszani

pješčanik

homokozó

ljuljačka

hinta

igračka

játékok

konzola za igre

videójáték konzol

tricikl

tricikli

tedi

teddi maci

ormar

ruhásszekrény

odeća
ruházat

kratke čarape

zokni

čarape

harisnya

hulahopke

harisnyanadrág

šal
sál

kišobran
esernyő

majica
póló

kaiš
öv

čizme
csizma

papuče
papucs

patike
tornacipő

sandale
szandál

cipele
cipö

gumene čizme
gumicsizma

gaćice
alsónadrág

grudnjak
melltartó

potkošulja
mellény

odeća - ruházat

bodi
body

pantalone
nadrág

farmerke
farmer

suknja
szoknya

bluza
blúz

košulja
ing

džemper
pulóver

džemper s kapuljačom
kapucnis pulóver

sako
blézer

jakna
dzseki

kaput
kabát

kabanica
esőkabát

kostim
kosztüm

haljina
ruha

venčanica
esküvői ruha

odelo

öltöny

spavaćica

hálóing

pidžama

pizsama

sari

szári

marama za glavu

fejkendö

turban

turbán

burka

burka

kaftan

kaftán

abaja

abaya

kupaći kostim

fürdöruha

kupaće gaćice

fürdönadrág

kratke pantalone

rövidnadrág

odeća za trening

tréningruha

kecelja

kötény

rukavice

kesztyű

dugme
gomb

naočare
szemüveg

narukvica
karkötő

ogrlica
nyaklánc

prsten
gyűrű

naušnica
fülbevaló

kapa
sapka

vešalica
vállfa

šešir
kalap

kravata
nyakkendö

patent zatvarač
cipzár

kaciga
bukósisak

naramenice
nadrágtartó

školska uniforma
iskolai egyenruha

uniforma
egyenruha

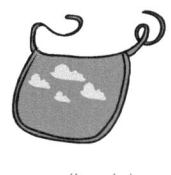

podbradak
előke

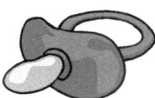

duda
cumi

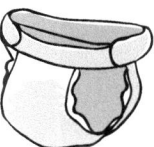

pelena
pelenka

kancelarija
iroda

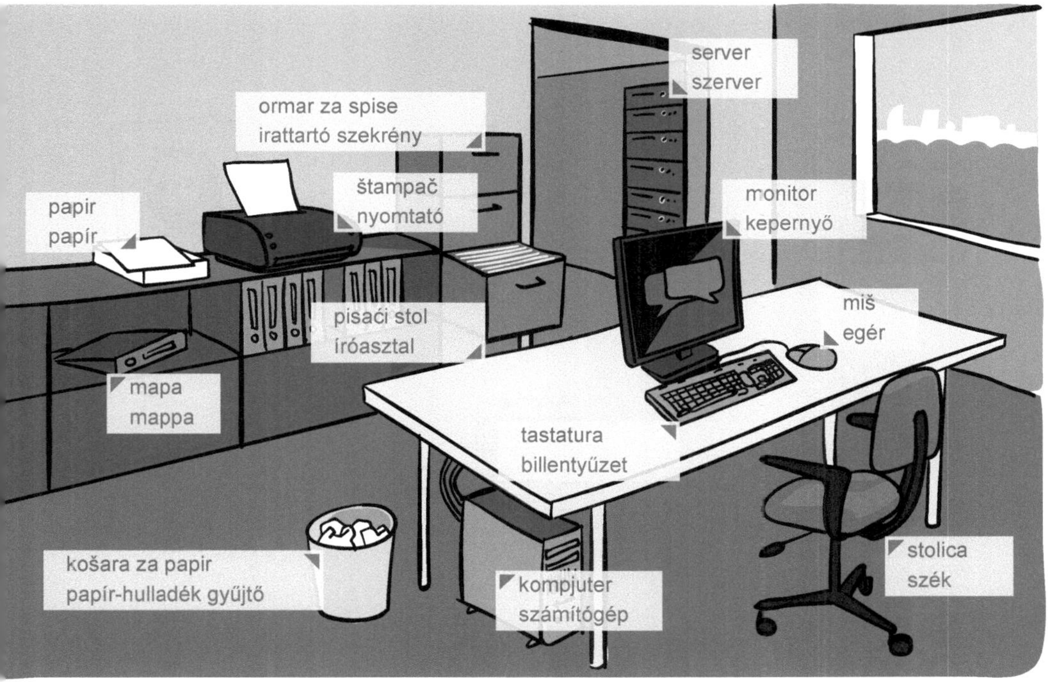

server
szerver
ormar za spise
irattartó szekrény
štampač
nyomtató
papir
papír
monitor
kepernyő
pisaći stol
íróasztal
miš
egér
mapa
mappa
tastatura
billentyűzet
košara za papir
papír-hulladék gyűjtő
kompjuter
számítógép
stolica
szék

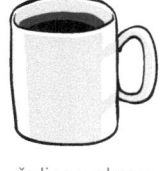

šalica za kavu
kávéscsésze

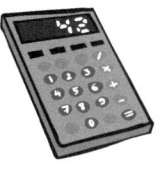

kalkulator
számológép

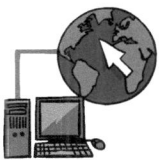

internet
internet

laptop

laptop

pismo

levél

poruka

üzenet

mobilni telefon

mobiltelefon

mreža

hálózat

uređaj za kopiranje

fénymásoló

softver

szoftver

telefon

telefon

utičnica

konnektor

faks

faxgép

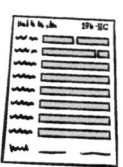

formular

formanyomtatvány

dokument

dokumentum

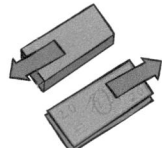

kupovati
venni

platiti
fizetni

trgovati
kereskedni

novac
pénz

dolar
dollár

evro
euró

 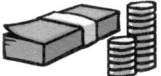

jen
jen

rublja
rubel

švajcarski franak
svájci frank

renmindbi juan
kínai jüan

rupija
rúpia

automat za novac
bankautomata

menjačnica

valutaváltó iroda

zlato

arany

srebro

ezüst

nafta

olaj

energija

energia

cena

ár

ugovor

szerződés

porez

adó

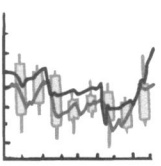

deonica

részvény

raditi

dolgozni

službenik

munkavállaló

poslodavac

munkaadó

fabrika

gyár

prodavnica

üzlet

zanimanja
foglalkozások

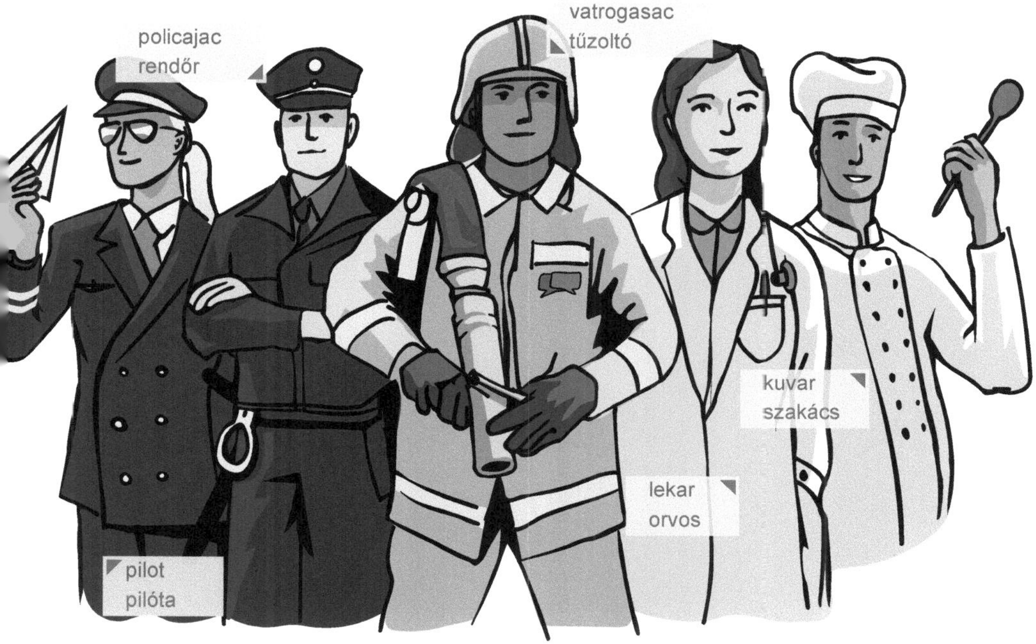
policajac
rendőr
vatrogasac
tűzoltó
kuvar
szakács
lekar
orvos
pilot
pilóta

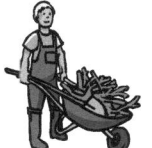

vrtlar

kertész

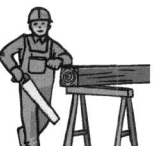

stolar

kárpitos

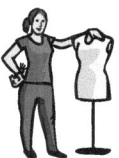

krojačica

varrónő

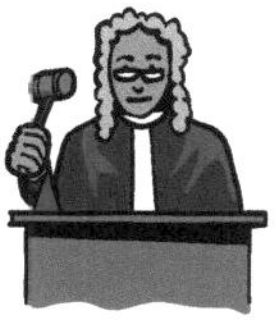

sudija

bíró

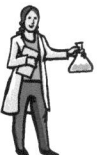

hemičar

vegyész

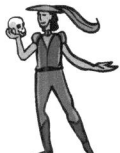

glumac

színész

vozač autobusa

buszsofőr

vozač taksija

taxisofőr

ribar

halász

čistačica

bejárónő

krovopokrivač

tetőfedő

konobar

pincér

lovac

vadász

slikar

festő

pekar

pék

električar

villanyszerelö

građevinski radnik

építömunkás

inženjer

mérnök

mesar

hentes

limar

vízvezeték-szerelö

poštar

postás

vojnik
katona

arhitekta
építész

blagajnik
eladó

cvećar
virágos

frizer
fodrász

kondukter
kalauz

mehaničar
műszerész

kapetan
kapitány

zubar
fogorvos

naučnik
tudós

rabi
rabbi

imam
imám

monah
szerzetes

svećenik
lelkész

alati

szerszámok

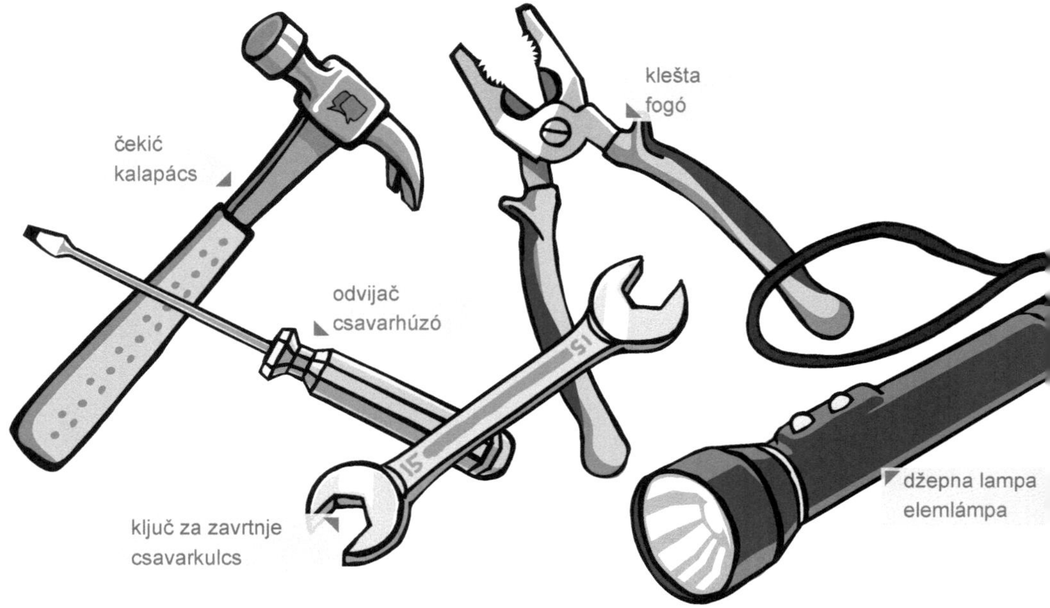

klešta
fogó
čekić
kalapács
odvijač
csavarhúzó
džepna lampa
elemlámpa
ključ za zavrtnje
csavarkulcs

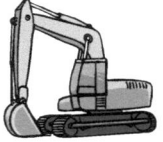

bager

markológép

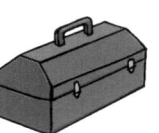

kutija za alat

szerszámosláda

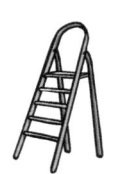

merdevine

vödör

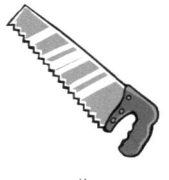

pila

fűrész

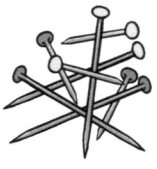

ekser

szög

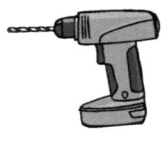

bušilica

fúrógép

popraviti
megjavítani

lopata
lapát

do đavola!
A francba!

lopatica
szemétlapát

lonac za boju
festékesdoboz

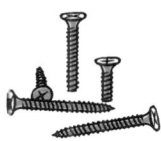

zavrtanji
csavar

muzički instrument
hangszerek

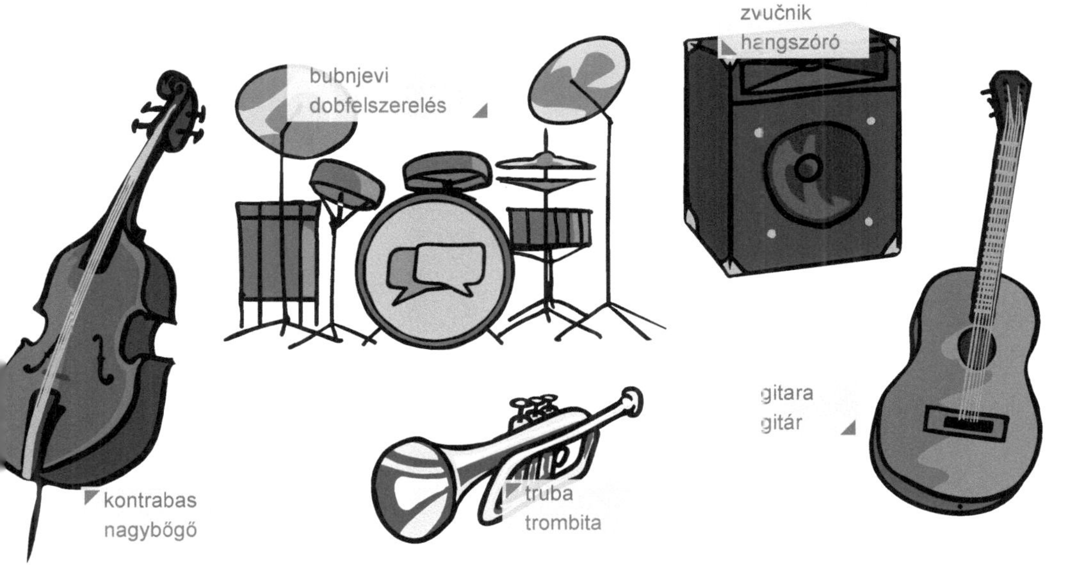

zvučnik
hangszóró

bubnjevi
dobfelszerelés

gitara
gitár

kontrabas
nagybőgő

truba
trombita

klavir

zongora

violina

hegedű

timpani

üstdob

udaraljke za bubnjeve

dobok

bas

basszusgitár

tipke klavira

digitális zongora

saksofon

szaxofon

flauta

fuvola

mikrofon

mikrofon

muzički instrument - hangszerek

zoološki vrt
állatkert

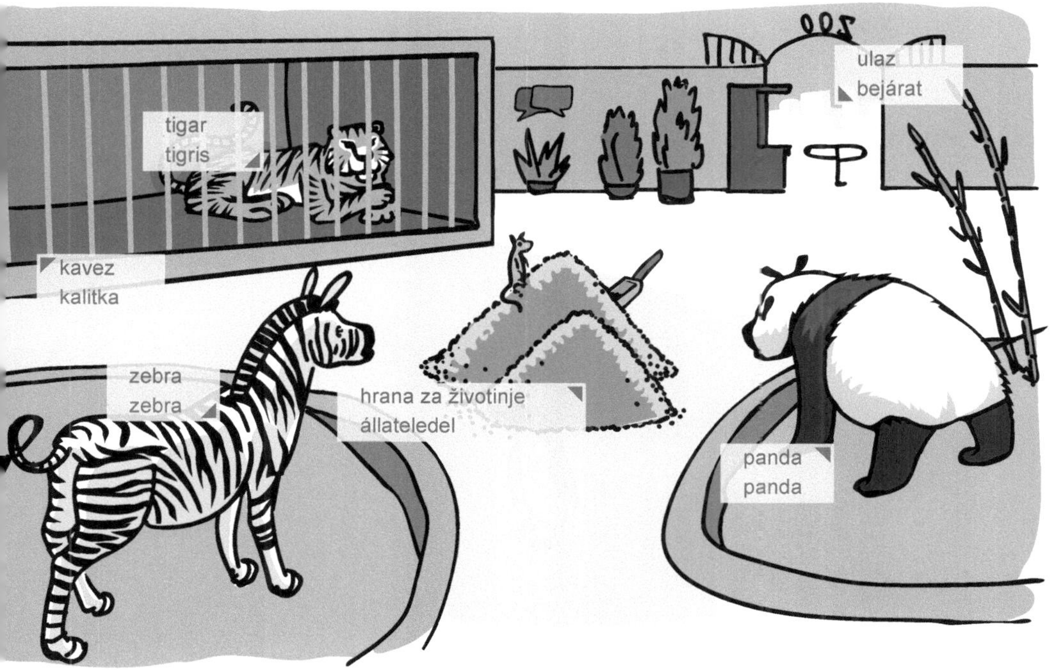
ulaz
bejárat
tigar
tigris
kavez
kalitka
zebra
zebra
hrana za životinje
állateledel
panda
panda

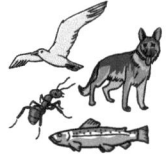

životinje

állatok

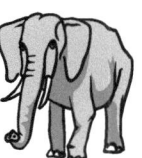

slon

elefánt

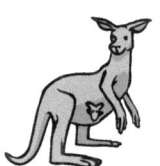

kengur

kenguru

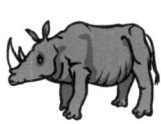

nosorog

orrszarvú

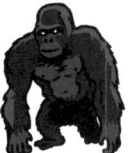

gorila

gorilla

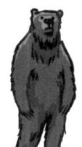

medved

medve

kamila

teve

noj

strucc

lav

oroszlán

majmun

majom

flamingo

flamingó

papagaj

papagáj

polarni medved

jegesmedve

pingvin

pingvin

ajkula

cápa

paun

páva

zmija

kígyó

krokodil

krokodil

čuvar u zoološkom vrtu

állatgondozó

tuljan

fóka

jaguar

jaguár

poni
pónió

leopard
leopárd

nilski konj
víziló

žirafa
zsiráf

orao
sas

divlja svinja
vaddisznó

riba
hal

kornjača
teknős

morž
rozmár

lisica
róka

gazela
gazella

američki nogomet
amerikai futball

biciklizam
kerékpározás

tenis
tenisz

košarka
kosárlabda

plivanje
úszás

boks
boksz

hokej na ledu
jégkorong

fudbal
futball

badminton
tollas

atletika
atlétika

rukomet
kézilabda

skijanje
síelés

polo
lovaspóló

skočiti
ugrani

zagrliti
ölelni

smejati se
nevetni

ići
sétálni

pevati
énekelni

moliti se
dicsérni

poljubiti
csókolni

sanjati
álmodni

pisati
írni

crtati
rajzolni

pokazati
mutatni

gurati
tolni

dati
adni

uzeti
vinni

imati
birtokolni

činiti
csinálni

biti
lenni

stojati
állni

trčati
futni

povlačiti
húzni

baciti
hajít

padati
esni

ležati
hazudni

čekati
várni

nositi
vinni

sediti
ülni

oblačiti
felvenni

spavati
aludni

probuditi se
felébredni

gledati
ránézni

plakati
sírni

milovati
simogat

češljati
fésülni

govoriti
beszélni

razumeti
megérteni

pitati
kérdezni

slušati
hallgatni

piti
inni

jesti
enni

pospremiti
takarítani

voleti
szeretni

kuhati
főzni

voziti
vezetni

leteti
szállni

ploviti
vitorlázni

računati
számol

čitati
olvasni

učiti
tanulni

raditi
dolgozni

venčati se
házasodni

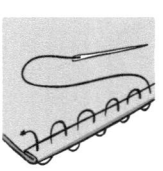

šiti
varrni

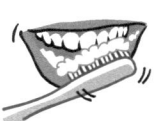

prati zube
fogat mosni

ubiti
ölni

pušiti
dohányozni

poslati
küldeni

porodica
család

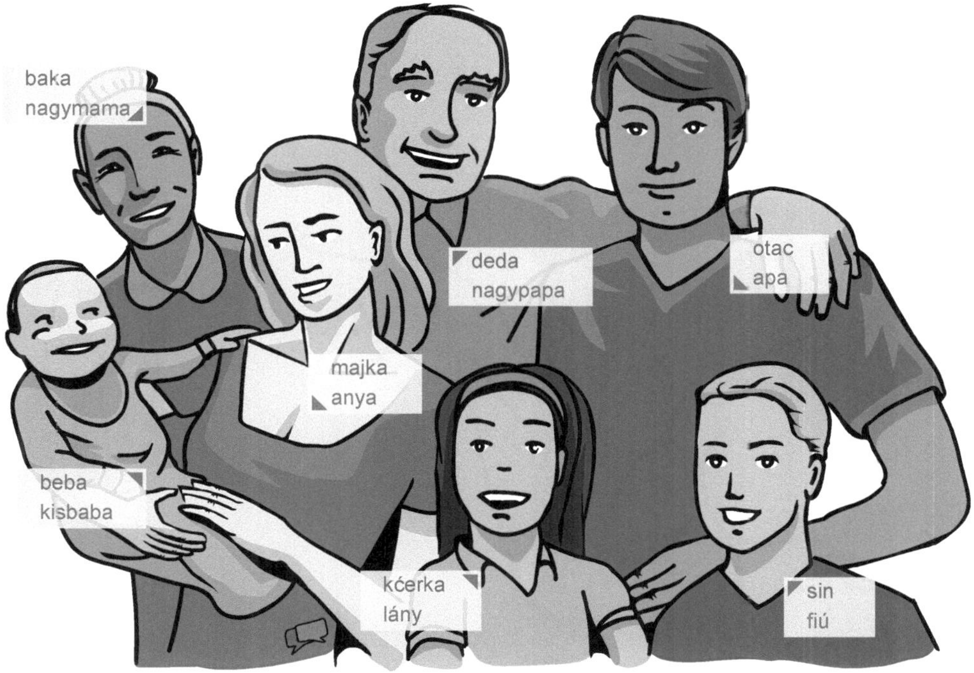
baka
nagymama
deda
nagypapa
otac
apa
majka
anya
beba
kisbaba
kćerka
lány
sin
fiú

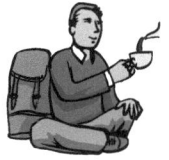

gost

vendég

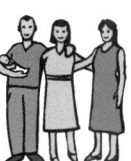

tetka

nagynéni

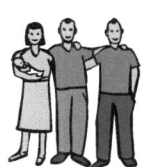

ujak, stric

nagybácsi

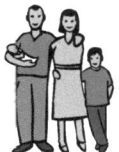

brat

fiútestvér

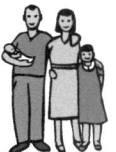

sestra

lánytestvér

telo
test

čelo
homlok
oko
szem
rame
váll
prst
ujj
lice
arc
brada
áll
ruka
kéz
noga
láb
grudi
mell
ruka
kar

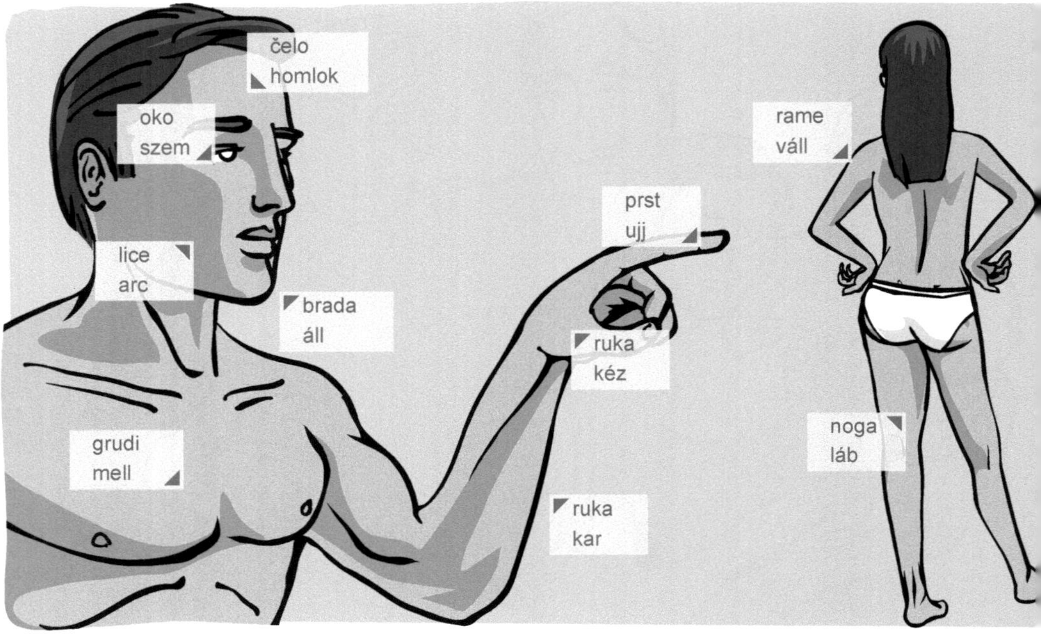

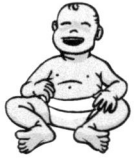

beba
kisbaba

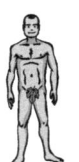

muškarac
ember

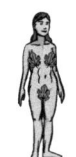

žena
nő

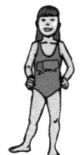

devojčica
lány

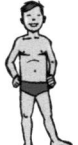

dečak
fiú

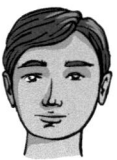

glava
fej

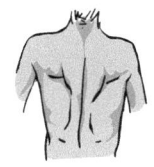

leđa

hát

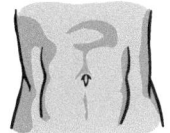

stomak

has

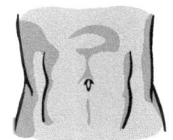

pupak

köldök

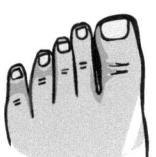

nožni prst

lábujj

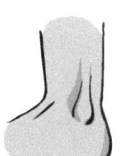

peta

sarok

kost

csont

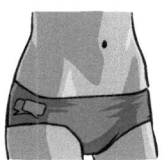

kukovi

csípő

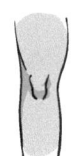

koleno

térd

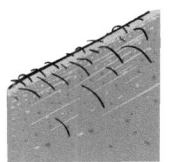

lakat

könyök

nos

orr

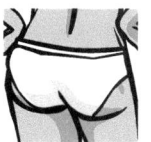

zadnjica

fenék

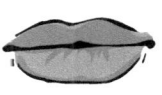

koža

bőr

obraz

orca

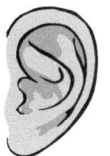

uvo

fül

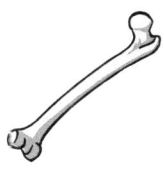

usna

ajak

telo - test

69

usta

száj

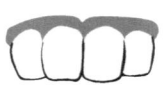

zub

fog

jezik

nyelv

mozak

agy

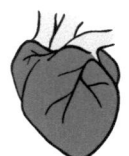

srce

szív

mišić

izom

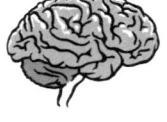

pluća

tüdö

jetra

máj

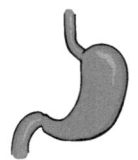

želudac

gyomor

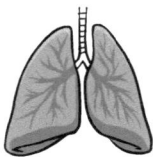

bubrezi

vese

polni odnos

szex

kondom

kondom

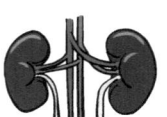

jajna ćelija

petesejt

sperma

sperma

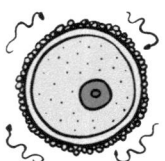

trudnoća

terhesség

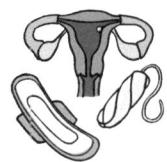

menstruacija

menstruáció

vagina

vagina

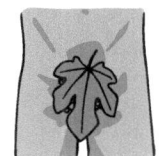

penis

pénisz

obrva

szemöldök

kosa

haj

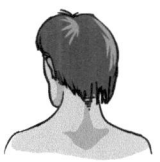

vrat

nyak

bolnica
kórház

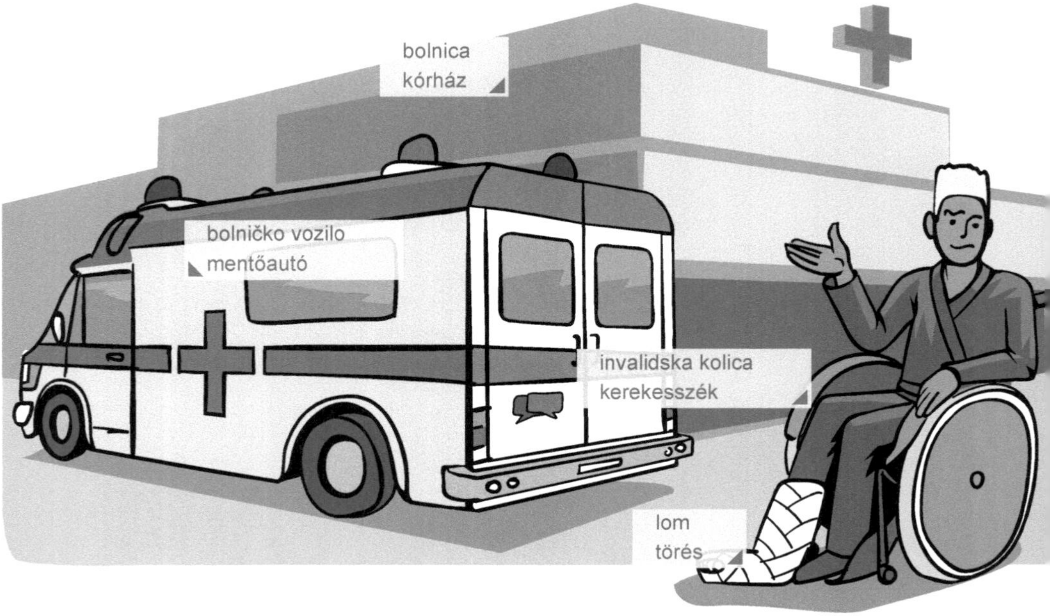

bolnica
kórház
bolničko vozilo
mentőautó
invalidska kolica
kerekesszék
lom
törés

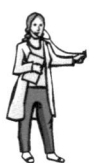

lekar

orvos

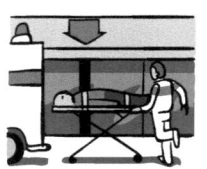

hitna medicinska služba

sürgősségi osztály

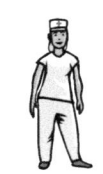

medicinska sestra

ápoló

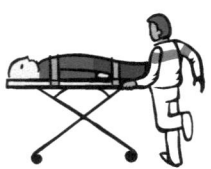

hitni slučaj

vészhelyzet

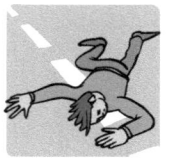

nesvest

eszméletlen

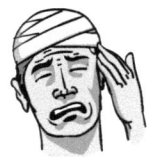

bol

fájdalom

povreda

sérülés

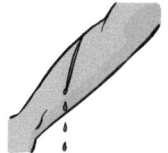

krvarenje

vérzés

srčani udar

szívroham

udar

szélütés

alergija

allergia

kašalj

köhögés

groznica

láz

gripa

influenza

proliv

hasmenés

glavobolja

fejfájás

rak

rák

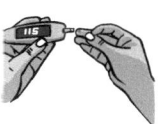

dijabetes

cukorbetegség

hirurg

sebész

skalpel

szike

operacija

műtét

ct
CT

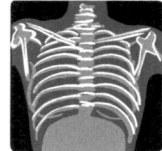

rentgen
röntgen

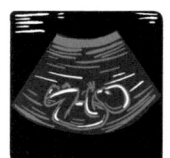

ultrazvuk
ultrahang

maska
arcmaszk

bolest
betegség

čekaona
váróterem

štaka
mankó

flaster
sebtapasz

zavoj
kötszer

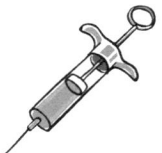

injekcija
injekció

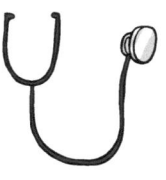

stetoskop
sztetoszkóp

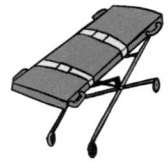

nosila
hordágy

termometar
klinikai hőmérő

rođenje
születés

prekomerna težina
túlsúly

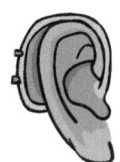

slušni aparat

hallókészülék

sredstvo za dezinfekciju

fertőtlenítőszer

infekcija

fertőzés

virus

vírus

HIV / AIDS

HIV/AIDS

medicina

orvosság

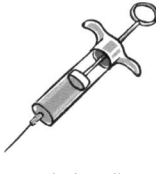

vakcinacija

oltás

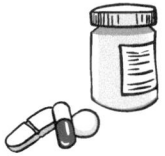

tablete

tabletták

pilula

tabletta

hitni poziv

sürgősségi hívás

uređaj za merenje pritiska

vérnyomásmérö

bolesno / zdravo

betegség / egészség

pomoć!

Segítség!

alarm

riasztás

nasrtaj

rajtaütés

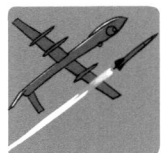

napad

támadás

opasnost

veszély

izlaz u slučaju nužde

vészkijárat

požar!

tűz!

protivpožarni aparat

tűzoltókészülék

nezgoda

baleset

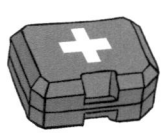

kutija prve pomoći

elsősegélycsomag

sos

SOS

policija

rendőrség

Evropa

Európa

Severna Amerika

Észak-Amerika

Južna Amerika

Dél-Amerika

Afrika

Afrika

Azija

Ázsia

Australija

Ausztrália

Atlantik

Atlanti-óceán

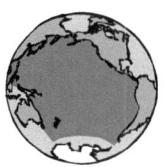

Pacifik

Csendes-óceán

Indijski okean

Indiai-óceán

Antarktički okean

Déli-óceán

Arktički ocean

Jeges-tenger

Severni pol

Északi-sark

Južni pol

Déli-sark

Antarktik

Antarktisz

zemlja

föld

zemlja

szárazföld

more

tenger

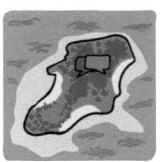

otok

sziget

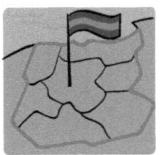

nacija

nemzet

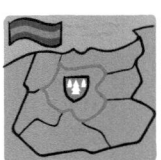

država

állam

brojčanik sata

számlap

satna kazaljka

kismutató

minutna kazaljka

nagymutató

sekundna kazaljka

másodpercmutató

Koliko je sati?

Mennyi az idő?

dan

nap

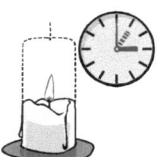

vreme

idő

sada

most

digitalni sat

digitális óra

minuta

perc

čas

óra

ponedeljak
hétfő

sreda
szerda

petak
péntek

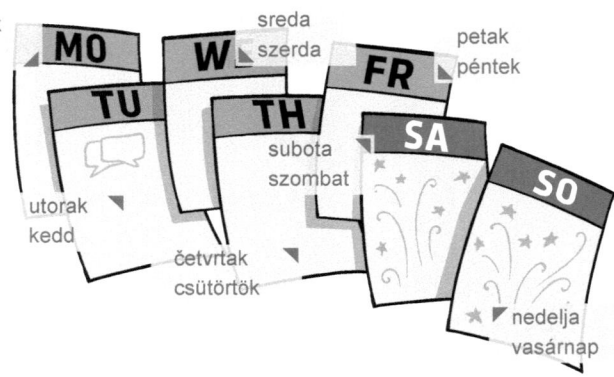

utorak
kedd

četvrtak
csütörtök

subota
szombat

nedelja
vasárnap

juče

tegnap

danas

ma

sutra

holnap

jutro

reggel

podne

dél

veče

este

MO	TU	WE	TH	FR	SA	SU
1	2	3	4	5	6	7
8	9	10	11	12	13	14
15	16	17	18	19	20	21
22	23	24	25	26	27	28
29	30	31	1	2	3	4

radni dani

hétköznap

MO	TU	WE	TH	FR	SA	SU
1	2	3	4	5	6	7
8	9	10	11	12	13	14
15	16	17	18	19	20	21
22	23	24	25	26	27	28
29	30	31	1	2	3	4

vikend

hétvége

godina

év

kiša
eső
duga
szivárvány
sneg
hó
vetar
szél
proleće
tavasz
jesen
ősz
leto
nyár
zima
tél

4.APRIL 11°
5.APRIL 4°
6.APRIL 13°
7.APRIL 8°
8.APRIL 10°

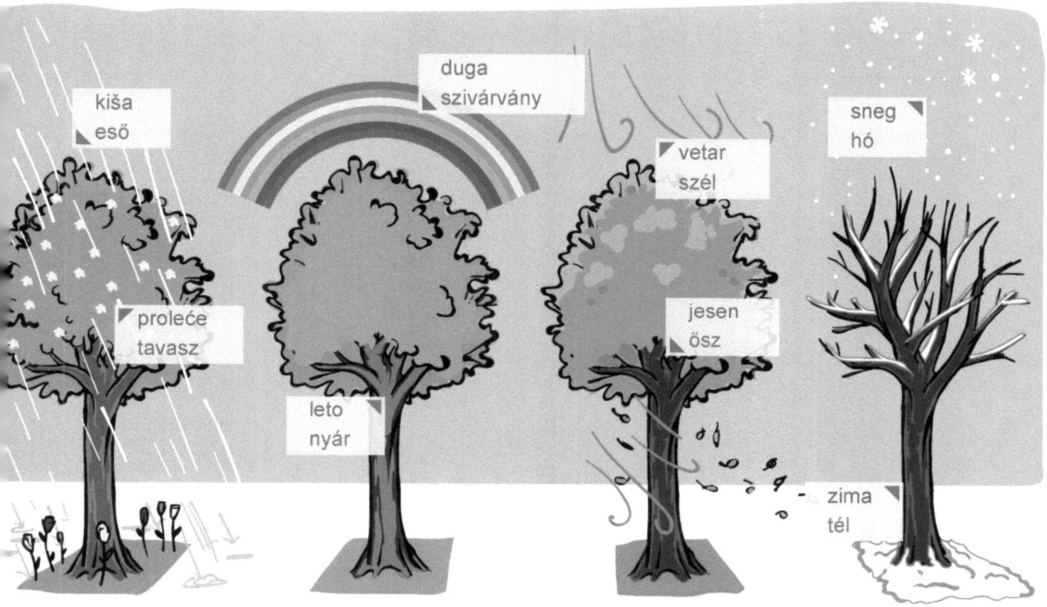

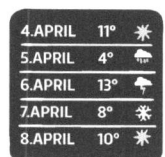

meteorološka prognoza

időjárás előrejelzés

F
C
120
90
60
30
0
-30
40
30
20
10
0
-10
-20

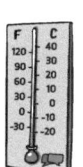

termometar

hőmérő

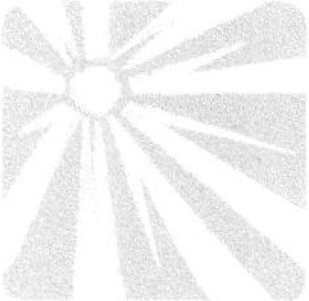

sunčana svetlost

napsütés

oblak

felhő

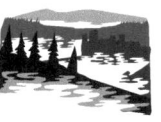

magla

köd

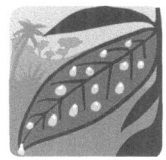

vlažnost vazduha

páratartalom

munja

villámlás

grmljavina

mennydörgés

oluja

vihar

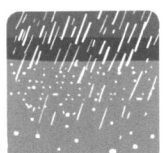

tuča

jégeső

monsun

monszun

poplava

áradás

led

jég

januar

január

februar

február

mart

március

april

április

maj

május

juni

június

juli

július

avgust

augusztus

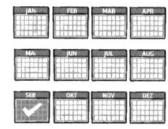

septembar
....
szeptember

oktobar
....
október

novembar
....
november

decembar
....
december

krug
....
kör

kvadrat
....
négyzet

pravougao
....
téglalap

trougao
....
háromszög

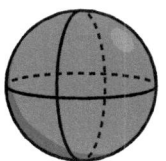

kugla
....
gömb

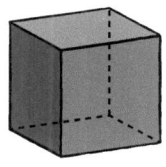

kocka
....
kocka

bela

fehér

žuta

sárga

narandžasta

narancs

ružičasta

rózsaszín

crvena

piros

ljubičasta

lila

plava

kék

zelena

zöld

smeđa

barna

siva

szürke

crna

fekete

mnogo / malo

sok / kevés

ljutito / mirno

mérges / nyugodt

lepo / ružno

szép / csúnya

početak / kraj

kezdet / vég

veliko / maleno

nagy / kicsi

svetlo / tamno

világos / sötét

brat / sestra

fivér / nővér

čisto / prljavo

tiszta / koszos

potpuno / nepotpuno

teljes / nem teljes

dan / noć

nappal / éjszaka

mrtvo / živo

halott / élő

široko / usko

széles / keskeny

jestivo / nejestivo

ehető / nem ehető

zlo / dobro

gonosz / kedves

uzbuđeno / dosadno

izgatott / unott

debelo / mršavo

kövér / vékony

na početku / na kraju

első / utolsó

prijatelj / neprijatelj

barát / ellenség

puno / prazno

teli / üres

tvrdo / mekano

kemény / puha

teško / lagano

nehéz / könnyű

glad / žeđ

éhség / szomjúság

bolesno / zdravo

betegség / egészség

ilegalno / legalno

illegális / legális

pametno / glupo

intelligens / buta

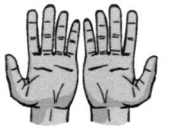

levo / desno

bal / jobb

blizu / daleko

közel / távol

ncvo / polovno
új / használt

ništa / nešto
semmi / valami

staro / mlado
idős / fiatal

uključeno / isključeno
be / ki

otvoreno / zatvoreno
nyitva / zárva

tiho / glasno
csendes / hangos

bogato / siromašno
gazdag / szegény

tačno / pogrešno
helyes / helytelen

hrapavo / glatko
érdes / sima

tužno / sretno
szomorú / vidám

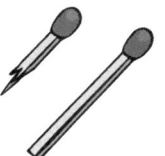

kratko / dugo
rövid / hosszú

polako / brzo
lassú / gyors

mokro / suho
nedves / száraz

toplo / hladno
meleg / hideg

rat / mir
háború / béke

0

nula

nulla

1

jedan

egy

2

dva

kettő

3

tri

három

4

četiri

négy

5

pet

öt

6

šest

hat

7

sedam

hét

8

osam

nyolc

9

devet

kilenc

10

deset

tíz

11

jedanaest

tizenegy

12

dvanaest

tizenkettő

13

trinaest

tizenhárom

14

četrnaest

tizennégy

15

petnaest

tizenöt

16

šestnaest

tizenhat

17

sedamnaest

tizenhét

18

osamnaest

tizennyolc

19

devetnaest

tizenkilenc

20

dvadeset

húsz

100

stotinu

száz

1.000

hiljadu

ezer

1.000.000

milion

millió

engleski

angol

amerikai engleski

amerikai angol

mandarinski kineski

mandarin kínai

hindski

hindi

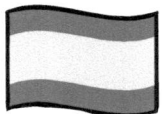

španski

spanyol

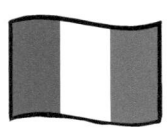

francuski

francia

arapski

arab

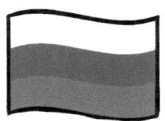

ruski

orosz

portugalski

portugál

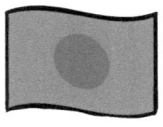

bengalski

bengáli

nemački

német

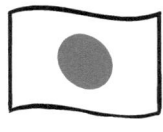

japanski

japán

ja

én

ti

te

on / ona / ono

ő

mi

mi

vi

ti

oni

ők

Ko?

ki?

Šta?

mi?

Kako?

hogyan?

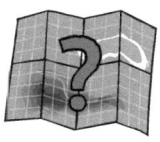

Gde?

hol?

Kada?

mikor?

ime

név

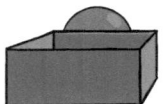

iza

mögött

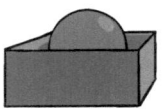

u

benne

ispred

elötte

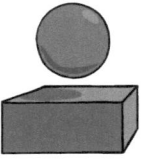

preko

felette

na

rajta

ispod

alatta

pored

mellett

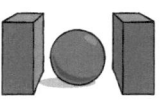

između

között

mesto

hely